Beziehungsratgeber für Paare

Wie Sie Partnerschaftsprobleme lösen, mit Eifersucht richtig umgehen und Ihre Beziehung zusammen liebevoller gestalten als je zuvor

Katja Hofmann

INHALT

Das erwartet Sie in diesem Buch

Fragen Sie sich auch, was das Geheimnis einer guten Beziehung ist? Was hält eine Liebe zusammen? Gibt es den Einen oder die Eine für die Ewigkeit? In meinem Buch leite ich Sie durch die wichtigsten Grundlagen einer Beziehung, in der es um Höhen und Tiefen geht. Ich werde Ihnen einige Tipps mit auf den Weg geben, die Ihrer Partnerschaft zugutekommen sollen.

Ganz wichtig ist es, sich erst einmal mit sich selbst auseinanderzusetzen, bevor Sie die Probleme beim Partner suchen. Manchmal sehen wir den Wald vor lauter Bäumen nicht mehr und uns helfen dann schon die einfachsten Dinge aus einer Situation heraus. Vieles gerät heutzutage in Vergessenheit, wir nehmen uns nicht mehr so viel Zeit füreinander. Das Leben rast förmlich an uns vorbei, vor lauter Verpflichtungen vergessen wir dann sehr schnell, was eigentlich wichtig ist und worum wir kämpfen wollten. Denken Sie über alles nach, bleiben Sie rational und sammeln Sie Kraft, bevor Sie sich vielleicht selbst ins Unglück stürzen. Haben Sie keine Angst vor Veränderungen, denn die können manchmal Wunder bewirken, selbst wenn es in kleinen Schritten geschieht. Ich werde Ihnen auch in diesem Buch einige Tipps mitgeben, auf die ich besonderen Wert lege, und zwar darüber, wie man seine eigenen Gefühle besser kontrollieren kann und mehr Selbstbewusstsein entwickelt.

Passen Sie sich den einzelnen Themen und Tipps einen Moment lang an. Gehen Sie in sich und fragen Sie sich, ob das auf Sie zutrifft. Finden Sie sich in den Fallbeispielen wieder? Dann ist dieses Buch gewiss das Richtige für Sie.

Ich wünsche Ihnen viel Spaß beim Lesen und bin überzeugt davon, dass Sie nach diesem Buch eine neue Seite an sich finden und gelassener an die Beziehung herangehen.

Grundlagen einer guten Beziehung

WAS IST DER KERN EINER GUTEN BEZIEHUNG?

Bevor wir näher auf das Thema eingehen, möchte ich Ihnen noch einmal vor Augen führen, was die Basis einer guten Beziehung ist. Bestimmt ist es auch etwas, was man oft irgendwo hört oder liest, aber was ist das genau und wie setze ich es auch in der Praxis um? Wie kann ich diese Eigenschaften beibehalten, sodass mein Partner oder meine Partnerin trotzdem mit der Gesamtsituation zufrieden ist? Oder trotzdem standhaft zu bleiben, bei Ansichten, die nur ich vertrete? Denn nicht immer funktioniert alles reibungslos, wenn man sich an die „Regeln" hält. Am Ende sind wir unseren eigenes Glückes Schmied. Nun zu den Eigenschaften: Ganz oben auf der Liste ist natürlich das Vertrauen, wir können nicht mit jemanden Leben oder uns auf jemanden einlassen, dem wir nicht vertrauen. Wir müssen uns zu einhundert Prozent auf unseren Partner verlassen können – in guten wie in schwierigen Zeiten. Aber was, wenn uns das Vertrauen verloren geht? Wie gewinnen wir es wieder zurück? Oder wie kann mein Partner mir in Zukunft wieder vertrauen? Mit diesen Fragen und vielem mehr werden wir uns noch ausführlicher beschäftigen.

Direkt nach dem Vertrauen steht die Kommunikation. Wie ich etwas kommuniziere und dass ich es überhaupt kommuniziere. Denn sei es Schlechtes oder Gutes, wir müssen offen über unsere Gefühle sprechen können oder auch schreiben. Anders können wir nicht wissen, was in unserem Partner vorgeht. Oft hören wir auch, dass Liebe aus Freundschaft besteht.

Warum? Weil Freunde über alles miteinander reden und sich zudem auch blind vertrauen. In einer guten Freundschaft spürt man allein schon durch die Mimik, dass Redebedarf besteht. Kommunikation auf verschiedene Weise zeigt uns auch gleichzeitig, dass gegenseitig Interesse besteht und wir dem Partner aufmerksam zuhören können und wollen. Das und noch vieles mehr werde ich Ihnen später genauer erläutern.

WAS SIND DIE HÄUFIGSTEN BEZIEHUNGSKILLER?

Einer der häufigsten Streitgründe oder auch „Beziehungskiller" ist definitiv Eifersucht. Wie entsteht Eifersucht? Was macht sie mit unserer Psyche? Wie kann ich Sie in Zukunft kontrollieren?

Es gibt zahlreiche Forschungen, die besagen, dass Eifersucht meistens schon eine negative Vorgeschichte hat, die uns dazu anleitet, die Dinge sofort kritisch zu sehen und zu hinterfragen. Ein Beispiel: In der heutigen digitalen Welt, wo die meisten Menschen in sozialen Medien unterwegs sind und auch viel präsenter als damals leichter „Zugriff" auf private Einblicke anderer Personen haben, da reicht es manchmal schon, wenn dem Gegenüber ein Foto von einer Person gefällt. So etwas lässt uns schon an die Decke gehen und wir sprießen nur so vor Eifersucht und Wut, wir sprechen Dinge aus, die schon längst nichts mehr mit dem Tatsächlichen zu tun haben.

Aber warum? Meistens ist es auch eine Frage der Selbstreflexion: Ist man mit sich unzufrieden? Muss man sich verändern, um dem Partner wieder mehr zu gefallen? Oder gab es schon in der Vergangenheit zu dem Thema schlechte Erfahrungen? Leider ist die

Grenze zwischen „gesunder" und „krankhafter" Eifersucht ziemlich dünn und belastend für beide Seiten. Dazu werde ich Ihnen noch ausführlicher berichten, denn die Tatsachen und Fakten zu dem Thema sind lang. Dem Thema Eifersucht folgen auch fehlender Respekt und mangelnde Wertschätzung gegenüber dem Partner, die ich später im Text näher erläutern werde.

PROBLEME ZUSAMMEN ANGEHEN

Was so einfach klingt, aber nicht immer so leicht ist, ist, dass man Probleme in einer Beziehung zusammen angeht. Das heißt, wir suchen gemeinsam nach Lösungen und sprechen uns klar über die Dinge aus. Das ist eine der wichtigsten Grundlagen in einer Beziehung. Wir müssen an einem Strang ziehen!

Sei es im Job, Kindererziehung, bei finanziellen Problemen oder einfach mal den Frust darüber auszusprechen, was uns aneinander stört. Wenn wir das nicht hinkriegen, dann haben wir keine gute Basis. Jeder, also beide Seiten, muss sich mit dem Gegenüber austauschen können, ohne Angst davor haben zu müssen, vielleicht jemanden zu verletzen oder dass der

Partner die Kritik nicht ertragen könnte. Wir müssen konstruktiv an das Problem gehen und dabei rational bleiben, zuhören und dem Partner und dem Problem Aufmerksamkeit widmen, nicht einfach die Probleme herunterschlucken und darauf hoffen, dass es von allein besser wird.

In späterem Kapitel werde ich intensiv darauf eingehen und ein paar Tipps geben, wie Sie ruhiger und gelassener an Probleme herangehen und lernen, Ihre Gefühle dabei zu kontrollieren, denn dies ist ebenfalls ein ganz wichtiger Aspekt. Wir lassen uns manchmal zu schnell von den extremen Gefühlen leiten und können dabei gar nicht klar denken. Bestimmt kennen Sie das: Am Ende des Streits oder des Konflikts denken Sie sich vielleicht: „Habe ich übertrieben? Hätte ich das, wirklich so sagen müssen?" Wir müssen den Partner unterstützen und auch, wenn uns mal etwas nicht betrifft, ihm die volle Aufmerksamkeit schenken, aber trotzdem ehrlich bleiben. Der Ton macht die Musik!

ZUSAMMENWACHSEN

Es gibt doch nichts Schöneres, als wenn man einen Partner für sich gefunden hat, mit dem man alles teilen kann, die gleichen Interessen teilt und an einem Strang zieht. Bevor man sich auf jemanden einlässt oder auf eine Beziehung, sollte man, je intensiver diese ist, schon drauf achten, dass man die gleichen Interessen teilt oder ähnliche Zukunftspläne hat.

Es gibt viele Paare, die jahrelang zusammen sind oder waren, aber sich immer mehr auseinanderlebten und dann nur noch der alten Gewohnheit nachgingen. Wenn Sie nicht wollen, dass das Ihnen passiert, dann ist es ganz wichtig, immer offen zu kommunizieren, was man für Vorstellungen hat, wo man sich in 10 Jahren sieht, ob man Kinder will, die Liste ist unendlich. Wichtig ist, dass man einen gemeinsamen Nenner findet und sich nicht herunterziehen lässt oder auf alles verzichtet, nur damit es dem anderen besser geht. Denn früher oder später sind damit beide nicht glücklich. Man muss auch einen gewissen Freiraum lassen können, in dem jeder seinen Rückzugsort hat, andere Meinungen hört und sich nicht in der Person selbst einschränken lässt.

Respekt

RESPEKTVOLLER UMGANG

Respektvoller Umgang gegenüber anderen, gegenüber unserem Partner, den dürfen Sie niemals außer Acht lassen. Sobald dieser verloren gegangen ist, dann ist wohl gewaltig was schiefgelaufen. Aber was? Diese Frage klären wir: Respekt ist etwas, was uns schon im Elternhaus eingetrichtert wird, von klein auf mussten wir lernen, andere zu respektieren, selbst wenn etwas nicht richtig war. Wir müssen anständig bleiben und uns treu bleiben. Beleidigungen, Provokationen sind etwas, was nichts in einer gesunden Beziehung zu suchen hat. Sobald wir den Respekt verlieren, ist es schwer, ihn wiederzuerlangen, aber es ist machbar!

SELBSTREFLEXION

Wie vorhin schon erwähnt: Respekt ist etwas, was uns von klein auf beigebracht wird. Mit Respekt zeigen wir dem anderen, dass wir ihn akzeptieren, wie er ist, er muss auch nicht im Recht sein, aber wir müssen in einem respektvollen Umgang mit dem Partner bleiben. Denn so beginnen die Probleme: Man respektiert sich nicht mehr und lässt alles fallen. Erinnern Sie sich doch mal an den Anfang der Beziehung, die „Blütezeit": Wir zeigen uns von unserer besten Seite, geben uns Mühe und tun alles dafür, um einander zu gefallen. Wieso schwindet dieses Gefühl? Warum lässt man sich gehen? Ist mein Partner mir schon zu selbstverständlich? Das sind grobe Fehler, die passieren und zum Streit oder sogar dem Ende einer Beziehung führen.

Was ist Selbstreflexion? Das ist ein Prozess mit unserem Inneren, in dem wir in uns gehen und überschauen, wie wir handeln, was wir fühlen und was wir vor allen Dingen besser machen können. Das schreibe ich Ihnen nicht, weil ich denke, dass Sie die Fehler machen oder Sie an etwas schuld sind. Nein, das schreibe ich Ihnen, weil, wenn wir für uns erkennen, was wir wollen, wie wir es wollen, dann müssen das tun. Es ist heute leider seltener geworden, dass wir das machen.

Die Zeit rennt, man hat viel um die Ohren, wenn wir gestresst sind, dann denken wir nicht mal dran, uns anders zu benehmen. Manche sind auch schnell überfordert. Dies sind alles so Dinge, die wir erst mal mit uns selbst vereinbaren sollten. Mit einem klaren Kopf denken wir einfach besser. Und je mehr wir uns selbst dabei beobachten bei unseren Handlungen, desto leichter wird es für uns, Dinge zu ändern, zu verbessern oder zu entscheiden.

Wir müssen uns selbst reflektieren, immer und immer wieder, denn wenn wir das nicht tun, leben wir nur noch in den Tag hinein. Wenn ich mit mir unzufrieden bin, mich selbst nicht mehr wiedererkenne, dann kann ich auch nicht meinen Partner glücklich machen. Zu diesem Thema werde ich im Laufe des Buches mehr schreiben, denn zu einer gesunden Selbstreflexion gehört ein starkes Selbstbewusstsein und die Fähigkeit, Probleme zu erkennen und sogar zu lösen.

Gefühle kontrollieren

In diesem Kapitel werde ich Ihnen anhand geprüfter Tipps erklären, wie Sie in Zukunft besser Ihre Gefühle kontrollieren, negative und auch positive, dies hat auch viel mit der Selbstreflexion zu tun. Alles, was wir tun und wie wir es tun, wird im Endeffekt von unseren Gefühlen geleitet. Der bekannte Philosoph Friedrich Nietzsche sagte auch: „Gedanken kommen, wann sie wollen, nicht wann wir es wollen".

1. Finden Sie einen Weg, um auf sich aufmerksam zu machen:

Wenn Ihnen etwas Schlechtes widerfährt oder Sie sich mit Ihrem Partner streiten, ist es wichtig, sich nicht von den Gefühlen leiten zu lassen, sondern sich abzulenken. Immer, wenn Sie sauer werden und am liebsten stundenlang das Thema ausdiskutieren wollen, lenken Sie sich ab, egal wie, tun Sie, was Ihnen guttut, putzen, kochen oder singen Sie. Warum rate ich Ihnen das?

Wenn Sie sauer sind, wissen Sie bestimmt, wie schnell alles aus dem Ruder laufen kann, manchmal sind es unnötige Kleinigkeiten, die aber hochgekocht werden. Sie befinden sich in dem Moment in einem „Tunnelblick" und sind nicht für Kritik bereit. Dies würde die Situation noch mal verschlimmern. Versuchen Sie, sich erst mal abzulenken. Glauben Sie mir: Danach sehen Sie die Sachen anders.

2. Denken Sie an Ihre nahe Zukunft, auf das, was Sie bald erwartet:

Wenn Sie gerade mal traurig sind und nicht klar denken können, dann lassen Sie alles stehen und liegen, was Sie in dem Moment runterzieht. Sie können nicht klar denken und sich den Kopf stundenlang zerbrechen, Sie brauchen einen „Cut". Wenn Sie sich aber reinsteigern, in etwas, was Ihnen in dem Moment aussichtslos erscheint und Sie einfach keine Lösung dafür finden, kommt die Angst gleich mit. Denken Sie daran, was als Nächstes ansteht, und widmen Sie diesem Ihre volle Energie, schnell erscheint Ihnen das „alte Problem" als kein Problem mehr. Zum Beispiel: Haben Sie die Geburtstagsfeier für Ihren Sohn draußen organisiert und plötzlich wird Regen angekündigt? Sie belasten sich den ganzen Tag mit der Frage, was man denn jetzt tun soll.

Wie wäre es, wenn Sie mal drüber nachdenken: Wie schlecht geht es vielleicht anderen und wie gut geht es mir? Wenn der Geburtstag nicht draußen stattfinden kann, dann eben zu Hause, es gibt Schlimmeres. So ist es in den meisten Situationen im Leben, dass man die Probleme als zu schlimm interpretiert, als sie eigentlich sind. Sicher kennen Sie auch ein Beispiel aus Ihrer Erfahrung in einer schwierigen Lage in der Beziehung oder Familie, bei der Sie regelrecht ausgetickt sind, diese sich dann aber meist von selbst gelöst hat. Wenn Sie sich ständig über etwas Sorgen machen, dann werden Sie nach einer gewissen Zeit immer ängstlicher und alles immer erst anzweifeln, bevor Sie es überhaupt probieren oder drüber nachdenken.

3. Meditieren Sie:

Wissenschaftlich ist es tatsächlich bewiesen, wenn Sie meditieren oder sich mental stärken, dass dieses das Selbstbewusstsein stärkt. Meditation bringt Sie dazu, zur Ruhe zu kommen, sich nur auf sich selbst zu fokussieren und einfach mal die Probleme einen Moment lang abzuschalten.

Meditation hat auch nichts mit einer Religion oder einem Glauben zu tun; es geht ausschließlich darum, sich zu entspannen und die Dinge nicht mehr schwarzzusehen. Gern sagt man auch, dass, wenn man wütend ist, man lieber erst einmal durchatmen soll. Tun Sie das; das kann man auch gut lernen und es bewirkt Wunder. Informieren Sie sich und finden Sie heraus, ob es Ihnen hilft. Probieren geht über Studieren.

4. Versuchen Sie, Probleme aus einem anderen Winkel zu sehen:

Es ist nicht einfach, vor allem, wenn wir alles immer mit Sorge betrachten, mal zu überdenken, wie die Sachen denn auch anders aussehen könnten oder wie ein Außenstehender Ihre Probleme sieht. Es tut gut, sich mit jemanden auszusprechen und sich andere Meinungen anzuhören. Diese erweitern unseren Horizont, denn immer, wenn wir uns um etwas Sorgen, dann denken wir nahezu nur daran und nehmen uns keine Auszeit. Lassen Sie manchmal den Sachen auch ihren eigenen Lauf. Denken Sie nicht immer daran, dass Sie jetzt was anders machen müssen oder Sie sich immer verantwortlich fühlen sollen.

5. Erweitern Sie Ihre Kritikfähigkeit:
Versuchen Sie, Ihre Kritikfähigkeit oder auch die Fähigkeit zu kritisieren anzuwenden, bevor Sie sich von Ihren Emotionen leiten lassen. Wenn sich Ihre schlechten Gefühle immer wiederholen, dann ist das ein Zeichen, dass Sie etwas verändern müssen und etwas nicht in Ordnung ist. Offensichtlich ist in Ihnen etwas, was Sie nicht kontrollieren können.

Daran sind Sie aber nicht schuld, es bedeutet nur, dass Sie sich unbewusst in einem Teufelskreis befinden. Albert Einstein hat mal gesagt: „Wenn Sie etwas tun und das Ergebnis negativ ausfällt, es aber immer wieder so tun, dann können Sie auch nicht erwarten, dass das Ergebnis sich verändert." Die Moral dahinter ist: Verändern Sie das, was nicht funktioniert.

6. Entdecken Sie Ihren „Motor" der Gefühle:
Was auch immer Sie für ein Gefühl empfinden, ob ein gutes oder schlechtes, Sie müssen auch verstehen, mit

welchem Mechanismus Gefühle in unserem Körper geleitet werden. Wenn Sie etwas in Ihre Hand nehmen und verändern wollen, dann müssen Sie Ihre emotionale Intelligenz erweitern, um das Ergebnis zu erzielen. Wenn Sie immer wieder unkontrollierten Hass oder Wut empfinden, dann versuchen Sie herauszufinden, was Sie genau stört, und reflektieren Sie Ihr Benehmen, das Sie zu diesem Gefühl bringt. Auf diese Weise werden Sie verstehen, was Sie genau sauer gemacht hat, und daraus können Sie dann in Zukunft lernen zu kontrollieren, wie Sie sich beim nächsten Mal geben.

7. Denken Sie an Ihre guten Fähigkeiten und an Ihre guten Seiten:

Immer, wenn Ihnen etwas Schlechtes widerfährt, denken Sie an etwas Schönes, an positive Erinnerungen, die Sie gestärkt haben. Wut und Trauer sind zwei verschiedene Arten von Emotionen, aber beide sind nun mal vorhanden. Zum Beispiel: Sie sind wütend darüber, weil Sie in einem Stau stehen und zu spät zur Arbeit kommen werden.

Denken Sie doch daran lieber, dass Sie eigentlich immer pünktlich und zuverlässig sind, dass einmal zu spät kommen gar nicht so schlimm ist. Wenn Sie sich etwas aus finanzieller Sicht nicht leisten können, dann denken Sie doch lieber daran, wie glücklich Sie momentan sind. Immer öfter sind wir Menschen undankbar und schätzen einfach nicht mehr, das, was wir bereits haben. Emotionen sind ein Teil unseres Unterbewusstseins und unseres Herzens, also kurz gesagt unserer inneren Person. Die Idee ist nicht, sich emotional „abzuhärten", um weniger zu fühlen oder weniger unseren Lieben gegenüber zuzulassen. Der Schlüssel ist, damit umzugehen, und auf diese Art und Weise werden Sie glücklicher sein.

8. Schreiben Sie über Ihre Gefühle:
Ein Tagebuch ist altmodisch, denken Sie? Glauben Sie mir, über seine Gefühle zu schreiben, entlastet einen. Denken Sie doch mal an Ihre Kindheit, vor allem wir Frauen haben als kleine Mädchen immer gern geschrieben, über das, was uns widerfahren ist und wie wir vor allem dabei gefühlt haben.

Wir können unseren Emotionen freien Lauf lassen und es muss auch keiner lesen, was wir schreiben. Wenn Sie also wütend, traurig oder auch glücklich sind, schreiben Sie es auf. Während Sie schreiben, stört Sie keiner. Es wird Ihnen niemand widersprechen. Wenn Sie momentan in einem Gefühlschaos stecken, dann ist es sinnvoll, anhand des Schreibens Ihre

Prioritäten zu entwickeln. Lesen Sie das Geschriebene immer dann, wenn Sie unsicher sind oder einfach mal die Ruhe genießen wollen. Je mehr Sie sich dann mit den eigenen Texten beschäftigen, umso besser werden Sie diese annehmen können.

Grundlagen

Wie oben schon erwähnt, gibt es so einige Grundlagen bzw. „Grundvoraussetzungen", die uns helfen, von vornherein eine gute Beziehung zu führen. Nicht alle sind für jeden von Bedeutung, aber diese Eigenschaften sind meistens entscheidend dafür, ob es denn zusammenpasst, also ob die „Chemie stimmt".

Vertrauen: Da sind wir uns, denke ich, einig: Ohne dem Partner vertrauen zu können, können wir nicht glücklich sein. Wir müssen uns auf ihn oder sie verlassen können. Egal, in welcher Lebenssituation, ich muss mir sicher sein, dass ich auf sein/ihr Wort zählen kann. Aber das muss Ihr Partner natürlich auch von Ihnen erwarten können.

Sicherheit: Wenn man sich als Paar sicher fühlt, ist man auch gestärkt, man teilt meist die gleichen Ansichten und das Gefühl bzw. Verlangen, Sicherheit zu empfinden, „angekommen zu sein". Dieses Gefühl verbindet zudem das Vertrauen zueinander.

Toleranz und Respekt: Wichtig ist, dass wir unseren Partner respektieren und ein gewisses Maß an Toleranz haben, denn nicht immer ist man sich einig und deshalb ist es wichtig, Sachen zu tolerieren.

Akzeptanz: Man muss seinen Partner so akzeptieren, wie er ist. Wir dürfen nicht versuchen, ihn zu verändern, denn so etwas kann man nur für sich selbst entscheiden. Am Anfang einer Beziehung scheinen uns Dinge oder Macken nicht aufzufallen, die dann aber spätere immer wieder für kleine Streitereien sorgen. Man muss von Anfang versuchen, sich bestmöglich zu kennen. Viele Ehen zum Beispiel scheitern schnell, wenn man anfängt zusammenzuleben. Aber warum? Als Paar kennt man sich doch gut, denkt man, aber man scheitert, wenn man anfängt, in eine gemeinsame Wohnung zu ziehen, sich eine kleine Oase aufbauen will. Erst, wenn man mit dem Partner anfängt zusammenzuleben, fallen Sachen auf, die so nie auffällig waren, z. B. ist der eine ziemlich unordentlich und lässt gern was liegen oder man fängt finanziell an, alles zu teilen und es fällt auf, dass der Partner nicht gerade sparsam lebt oder mehr ausgibt, als er sollte. Es gibt unzählige Beispiele davon, die tatsächlich zum Scheitern führen.

Deswegen Augen auf bei der Partnerwahl. Lassen Sie sich Zeit, sich wirklich gut kennenzulernen. Man sollte natürlich nicht direkt aufgeben, auch wenn man weiß, dass man die Person nicht verändern kann, deswegen ist es wichtig, über alles zu sprechen und gemeinsam aktiv zu handeln.

Kommunikation und Kommunikations- störungen

R eden und sich aussprechen zu können ohne Hemmungen und Angst vor der Reaktion, ist ganz wichtig. Probleme nicht herunterzu- schlucken oder zu hoffen, es würde mit der Zeit besser. Zahlreiche Studien, Paartherapeuten und Psychologen besagen, dass, wenn die Kommunikation fehlt, die Be- ziehungen am häufigsten scheitern. In Deutschland liegt die Scheidungsrate bei verheirateten Paaren bei ca. 40 Prozent. Bei unverheirateten Paaren ist es unbekannt, demnach ist die Dunkelziffer sicher höher. US-amerikanische Wissenschaftler, unter anderem **John Gottman** und sein Team, haben über hunderte von Paaren jahrelang beobachtet und befragt, um den häufigsten Trennungsgründen auf den Grund zu gehen, und es lag ganz eindeutig an der schlechten oder fehlenden Kommunikation, woraus Missachtung resultiert.

Die Tests und Befragungen liefen wie folgt ab: Es wurden frisch verheiratete Paare in eine Pension eingeladen, die eigentlich ein Labor war. Sie beobachteten den ganzen Tag ihre Kommunikation. Es wurden Kommunikationsangebote gemacht, worauf sie verschiedene Reaktionsmöglichkeiten hatten. Zum Beispiel: „Ich habe heute mit meiner Schwester gesprochen".

Die Möglichkeiten der Reaktion waren verschieden: von „Wie geht es deiner Schwester?" über „Worüber habt ihr gesprochen?" bis hin zu „Lass mich in Ruhe fernsehen" oder kompletter Ignoranz. Nach einigen Jahren wurden dieselben Paare wieder angeschrieben, um zu wissen, ob sie noch zusammen sind. Das Ergebnis: Gescheitert sind diejenigen, die auch damals ihren Partner ignoriert haben oder unfreundlich reagierten.

Missachtung

Was ist mit Missachtung gemeint? Der Partner nimmt uns nicht mehr wahr oder sieht nicht mehr, wie sehr wir uns um etwas bemühen. Dabei kann es sich um alltägliche Dinge handeln, wie beispielsweise den Haushalt aufrechtzuerhalten, wobei Ihr Partner aber nicht mitzieht, die Kaffeetasse stehen lässt oder die schmutzigen Socken nicht in den Wäschekorb wirft. Dadurch entsteht ein Gefühl der Missachtung.

Vielleicht hatten wir einen großartigen Tag auf der Arbeit und es besteht die Chance auf eine Beförderung, man erzählt es voller Stolz und der Partner hat nichts Besseres zu tun, als vorm Handy zu sitzen und

Spiele zu spielen. Die Reaktion ist verletzend und wir verstehen nicht, warum er oder sie das tut.

So fangen wir an, uns auseinanderzuleben. Unsere gemeinsamen Interessen verschwinden oder wir fangen an, sie lieber mit anderen Personen in unserer Umgebung zu teilen. Das passiert leider häufig und verleitet Paare dazu, untreu zu werden und denjenigen zu betrügen. Untreue ist ein Thema für sich, was aber, wie ich finde, nicht in meinen Ratgeber passt. Untreue ist ein reiner Vertrauensbruch, der gar nicht erst entstehen sollte, wenn man mit seinem Partner die Dinge offen anspricht und angeht. Wenn Untreue zu einem Thema wird, dann ist es tatsächlich eine Mammutaufgabe, all diese Grundlagen wieder zu erschaffen und das Vertrauen wiederherzustellen.

Wussten Sie, dass Männer und Frauen unterschiedlich auf Missachtung reagieren? Und wissen Sie, wieso es bei Männern gleich auf die Gesundheit schlägt? Dies legt uns eine Studie aus der Universität in Kopenhagen nahe, und zwar sagen die, dass Männer und Frauen meistens gleichermaßen betroffen sind, aber Frauen sind meist diejenigen, die den Konflikt direkt lösen wollen, das Gespräch suchen, dabei ständig kritisieren und ein permanentes Stresslevel in die Beziehung einbeziehen.

Wir Frauen reden gern direkt „drauf los", meist auch, ohne genau nachgedacht zu haben oder eine gewisse taktische Vorgehensweise. Männer dagegen ertragen das meist einfach, platzen dann regelrecht irgendwann und verlassen dann sogar den Partner. Die Studie besagt auch, dass Männer eine verkürzte Lebenszeit haben, wenn Sie einem hohen Stresslevel ausgesetzt sind. Das kommt vermutlich davon, dass das Stresshormon Cortisol, das sich negativ auf Herz und Kreislauf auswirkt, bei Männern viel stärker ausgeschüttet wird.

Ich lege Ihnen noch eine interessante US-Studie nahe, die an die oben genannte angeknüpft ist und Frauen betrifft:

Und zwar besagen Wissenschaftler von der Ohio State University, unter anderem die leitende Forscherin **Claire Kamp Dush,** dass unsere Mütter daran schuld sind bzw. wir ihr Verhaltensmuster erben.

Frauen, die sich öfter trennen oder ihre Partner häufiger im Leben wechseln, zeigen, dass ihre Mütter Einfluss darauf hatten, denn Mütter geben ihren Kindern die Beziehungsfähigkeiten und -fertigkeiten weiter. Die Studie belegt die Tatsache, wie sehr oder wie gut wir Vertrauen zu anderen aufbauen oder unsere Probleme lösen können, und dass dieses davon abhängt, wie unsere Mütter das immer gemacht haben. Die These wurde belegt, indem man seit 1979 Daten von 12.600 Müttern gesammelt hat, die alle zwei Jahre befragt wurden. Im zweiten Datenschwung wurden die Nachkommen, also die Töchter, befragt. Das Ergebnis: Wenn Mütter zu häufigem Partnerwechsel tendierten, lernten die Kinder, dieses Verhaltensmuster zu übernehmen und integrierten es in ihrem eigenen Beziehungsstil. Daten, welchen Einfluss Väter auf ihre Töchter hatten und wie sich dies auf die Beziehungsfähigkeit auswirkt, gab es leider keine.

Denken Sie in Situationen, in denen Sie lieber mal nicht zu viel gesagt hätten, gern an das altbekannte Zitat: „Reden ist Silber, Schweigen ist Gold".

Ich stelle Ihnen ein Kommunikationsmodell vor, dass mir oft hilft zu verstehen, wieso die Person vor mir mich falsch verstanden hat oder auch umgekehrt, und es hat mir gezeigt, wie wichtig es doch ist, auf eine gewisse Wortwahl, aber auch auf die Mimik zu achten.

Das Vier-Ohren-Modell von Friedemann Schulz von Thun

Schulz von Thun war ein Kommunikations-wissenschaftler und seine Methode ist heute gängiges Lehrmaterial für verschieden Fach-richtungen, die sich dafür anbieten, wenn wir viel Kontakt mit Menschen haben. Seine Methode kann auch bei Kommunikationsschwierigkeiten in einer Beziehung angewandt werden.

Seine Überzeugung ist, dass das Senden und Empfangen einer Nachricht immer auf vier Ebenen geschehen. Sachinhalt, Beziehung, Selbstoffenbarung und Appell. Demzufolge kann der Sender oder der Empfänger die Nachricht komplett unterschiedlich auffassen.

Die Sachebene soll dem Empfänger etwas übermitteln. Selbstoffenbarung gibt preis, was ich möchte oder wie ich fühle. Die Beziehungsebene zeigt uns, wie derjenige zu uns steht, was er von uns hält. Hierbei redet auch die Mimik mit und besonders der Ton. Und zu guter Letzt der Appell, der letztendlich das preisgibt, was man von uns will, sei es ein Wunsch oder eine Handlungsanweisung.

Hier ein Beispiel vom Sender und Empfänger:
Mann und Frau sitzen am Tisch, die Frau hat eine neue Soße gekocht und Schnittlauch zugefügt, ihr Mann sagt zu ihr:

Mann (Sender):
Sachinhalt: „Da ist etwas Grünes in der Soße."
Beziehungsebene: „Du weißt, was es ist!"
Selbstoffenbarung: „Das schmeckt mir nicht!"
Appell: „Sag mir, was es ist!"

Frau (Empfänger):

Sachinhalt: „Da ist etwas Grünes in der Soße."

Beziehungsebene: „Du kannst nicht gut kochen."

Selbstoffenbarung: „Das schmeckt mir nicht!"

Appell: „Koche in Zukunft nur das, was mir schmeckt!"

Hier sieht man noch einmal deutlich, wie schnell Ausgesprochenes falsch aufgefasst werden kann, und wir können vielleicht besser verstehen, wieso unsere Worte oder die von unserem Partner schnell missverstanden werden.

Liebe und Zweisamkeit

Nun kommen wir zu einem der schönen Dinge in einer Beziehung: Nähe, Liebe und Zweisamkeit. Nähe zum Partner zu suchen und ihn nicht außer Acht zu lassen, einfach mal öfter einen Kuss zu geben – heutzutage ist es schwieriger geworden, sich Zeit für sich zu nehmen, vor allem, wenn wir dann auch noch Kinder haben.

Wir werden faul, machen uns keine Gedanken mehr, ja, wir geben uns nicht mal Mühe an manchen Tagen. Dabei ist es doch simpel, wenn wir es doch auch wirklich wollen, dann schaffen wir uns schon die Zeit.

Wenn wir aufhören, die Nähe zu suchen oder zu bekommen, wirken wir nicht mehr wie ein Liebespaar. Ab und zu ein Küsschen zu geben, macht schon viel aus. Vielleicht arbeiten wir beide den ganzen Tag und sind gestresst von der Arbeit, haben danach auch noch viel um die Ohren... aber das rechtfertigt eigentlich nicht, wieso wir nicht mehr liebevoll sein können. Fassen Sie Ihren Partner niemals als selbstverständlich auf! Jeder tut, was er kann, und jeder hat seine Rolle im Leben. Wir sind als Partner dafür da, um den anderen aufzubauen, Liebe zu schenken und gleichzeitig schenken wir uns so Kraft und Energie. Sollten Sie Kinder haben, dann ist es keine Ausrede.

Bestimmt finden Sie jemanden, der mal einen Sonnabend auf die Kleinen aufpassen kann. Vielleicht jemand aus dem Kreis der Familie oder gute Freunde. Es ist so unheimlich wichtig, sich Zeit zu nehmen und Zweisamkeit zu genießen. Es kann ziemlich aufregend sein, sich wieder mal schick zu machen, ein gutes Restaurant zu besuchen oder wie „früher" in einer kleinen Bar für ein paar Stunden abzuhängen. Das frischt einfach die Beziehung auf. Wir sind sichtbarer für den Partner und attraktiv. Das schreibe ich aus Erfahrung.

Kinder zu haben, ist etwas Großartiges, keine Frage. Aber oft hemmen sie leider die Beziehung, weil man sich rund um die Uhr um sie kümmern muss. Aber kein Problem, wenn wir sie abends zur kindgerechten Zeit und nicht erst um 22 Uhr ins Bett legen, ist das ein kleines Zeitfenster, um mit dem Partner die Ruhe zu genießen. Ein kleiner Filmabend mit Popcorn? Oder doch lieber ein intimes Gespräch zu zweit mit einem Glas Wein? Tun Sie das, was Ihnen guttut!

Lassen Sie sich Sachen einfallen, gern auch Ausgefallenes, was Sie vielleicht auch nie tun würden. Haben Sie Spaß und lassen Sie mal für paar Stunden alles beiseite. Dafür haben wir doch jemanden an unserer Seite, um Liebe, einen Freund und Vertrauten bei uns zu haben, der für uns eine kleine Rückzugsoase darstellen soll, um neue Energien zu sammeln, wodurch die schlechten Dinge verblassen. Wenn das seltener wird oder das Gefühl schwindet, ist das kein gutes Zeichen. Deshalb mein Appell: Sollten Sie sich momentan in einer unglücklichen Beziehung befinden, dann tun Sie was dagegen. Der erste Schritt ist, Nähe zu suchen und die Beziehung aufzufrischen, denn wer sich auch wirklich liebt, der vergibt oder probiert diesen Schritt mit Ihnen.

Bindungsangst:

Leiden Sie unter Bindungsangst? Mussten Sie sich

auch schon einmal diese Frage stellen? Viele leiden darunter, es ist ein Karussell der Gefühle und häufig auch ein Trennungsgrund. Aber warum? Es gibt die „unbewusste" und die „bewusste" Bindungsangst. In der unbewussten merken wir es gar nicht, wir sind leicht verletzlich, nicht so selbstbewusst und zufrieden mit uns oder gar zu selbstbewusst und denken immer, der andere ist schuld.

Manche gehen da ins Extreme; entweder geben wir zu viel von uns und erwarten dementsprechend zu viel oder wir lassen keine Emotionen zu. Meistens haben diese Menschen eine lange Vorgeschichte, in der sie leider ziemlich viele und schlechte Erfahrungen über Jahre hinweg gesammelt haben. Dann liegt es an uns, wie wir das in die Zukunft einbauen, entweder es stärkt uns oder wir sind wie „aufgeschmissen" und lassen die Beziehung zu schnell fallen. Diese Erfahrungen erstrecken sich meist auch weit über Partnerschaften hinaus, die vielleicht damals mal gescheitert sind. Es beginnt vielleicht schon in der Kindheit, in der Schule oder nach jahrelangen misslungenen Beziehungen.

Lassen Sie sich nicht unterkriegen. Seien sie bereit für was Neues und lassen Sie zu, nicht Verarbeitetes mit einem Therapeuten oder einem Vertrauten zu besprechen. Die Wunden müssen heilen, Ihre Seele muss heilen. Wir sehnen uns doch alle nach einem Lebenspartner, mit dem wir alt werden können, und nach jemandem, der immer da ist. Schämen Sie sich nicht, darüber offen zu sprechen, gehen Sie die Dinge dann langsamer an. Letztendlich ist die Bindungsangst nur ein Schutzmechanismus, der von uns selbst geschaffen wird. Wenn Sie sich selbst erkannt haben, habe ich für Sie sinnvolle Schritte zusammengestellt, die nach der Selbsterkenntnis greifen. Diese hat der anerkannte Paarberater **Eric Hegman** nach jahrelanger Erfahrung empfohlen.

1. Sich öffnen, das Gespräch mit Ihrem Partner suchen
2. Einen Experten zuziehen, der Sie berät
3. An sich selbst glauben
4. Selbstbewusstsein stärken.

Denken Sie immer daran: Wer mit sich selbst im Reinen ist, kann auch eine glückliche Beziehung führen.

Phasen einer Beziehung

Im Leben befinden wir uns verschiedenen Phasen. So ist es auch in der Beziehung: Wir finden zusammen und durchlaufen auch einiges zusammen. Dabei stoßen wir auf verschiedene Phasen in einer Beziehung. Die integrative Paartherapie analysiert und wendet diese Methode an, um zu durchschauen, in welcher Phase man sich befindet und wo man zu scheitern anfängt.

1. Hingabezeit: Wir sind frisch verliebt, sehen alles mit der „rosaroten Brille" und uns gefällt alles am Partner.

Wir sind verrückt nach ihm und würden am liebsten nur in seiner Nähe sein. Daraufhin folgt, die

2. Aufbauzeit: In dieser Phase finden wir mehr zusammen und beginnen zu planen, die meisten Familienwunschplanungen finden in dieser Zeit statt. Es werden Wünsche geteilt, Ziele gesetzt und zusammen geträumt.

3. Die Lebensmitte: Diese Phase ist oft eine Phase, in der Beziehungen scheitern, wir befinden uns in der „Mitte" und schauen darauf, was tatsächlich von erträumten oder den festgesetzten Zielen und Wünschen wahr geworden ist. In dieser Phase beginnen die Zweifel an der Beziehung. Man fragt sich, ob die Interessen noch geteilt werden, ob man sich noch unterstützt oder eher behindert, in dem, was man will.

4. Zenit: In dieser Zeit sind wir bereits in einem gewissen Alter angekommen, wo wir vielleicht schon Enkelkinder erwarten. Man ist älter und reifer, wir blicken daraufhin auf das, was wir „geschaffen" haben. Vieles verlangsamt sich, wir sind wahrscheinlich beruflich nicht mehr so aktiv und der Freundeskreis schmälert sich.

5. Zweisamkeit: Nun werden es vielleicht immer weniger um uns herum, wir altern und bereiten uns so langsam, aber sicher auf die Sterblichkeit vor. Es treten die unschönen Dinge im Leben an. Zuversicht und Kraft sind hier gefragt, um diese Phase im Leben gemeinsam zu meistern.

6. Hingabezeit: In dieser Zeit erscheint uns noch mal vor Augen, was wir in der Aufbauzeit geplant hatten, wie weit wir gekommen sind. Wir wissen, dass alles vergänglich ist, haben uns darauf vorbereitet und keine Angst.

Wieso gebe ich Ihnen diese Phasen mit an die Hand? Es ist interessant, mal darüber nachzudenken, in welcher Phase man sich selbst gerade befindet. Ebenso auch zu wissen, in welcher Lebensphase einer Beziehung die meisten Trennungen passieren.

Wenn es in der Aufbauzeit war, dann waren Sie sich wohl schnell bewusst, dass Sie nicht zusammenpassen, keine gemeinsamen Interessen teilen. Wenn es aber in der Lebensmitte ist, kann es sein, dass Sie sich über Ihre Prioritäten doch nicht so ganz im Klaren waren. Machen Sie sich bewusst, was Sie im Leben wollen, und halten Sie sich das immer vor Augen. Wenn

Ihr Geliebter nicht vieles mit Ihnen teilt, Sie aber die rosarote Brille noch nicht abgelegt haben, dann könnte es schwierig werden. Wenn Sie aber merken, dass eigentlich die Ziele dieselben sind oder Sie gemeinsame neue Ziele haben, fassen Sie dieses auf und starten Sie damit neu.

Eifersucht

GESUNDE EIFERSUCHT:

Wann ist Eifersucht noch gesund? Was ist Eifersucht genau? Diese Fragen stellt sich bestimmt jeder mal, davon bin ich überzeugt. Eifersucht ist nichts anderes als ein Gefühl von Unsicherheit und Angst, es ist wie ein Schutzmechanismus für uns selbst. Wir folgen dem Instinkt und wollen um die Person kämpfen, die wir lieben. Angst zu haben, dass wir unseren Partner an jemand anderen verlieren könnten, ist unerträglich.

Solange wir es kontrollieren können und nicht aus heiterem Himmel Szenen machen, ist das auch in Ordnung. Jeder, der liebt und in einer gesunden Beziehung steckt, hat instinktiv diese Angst – der eine mehr, der andere weniger. Es gibt tatsächlich wenige, die keine

Eifersucht empfinden, dies sind dann meistens „zu" selbstbewusste Männer oder Frauen, die sich selbst zu wertvoll schätzen und herablassend zu anderen stehen.

KRANKHAFTE EIFERSUCHT:

Krankhafte Eifersucht hat nichts mehr mit der kleinen Angst im Hinterkopf zu tun. Diese wird auch in verschiedene Arten unterteilt. Der Mensch wird besitzergreifend und schränkt alles massiv ein. Selbst wenn es keinen Grund gibt, rasten sie komplett aus und suchen praktisch immer wieder nach Situationen, in denen sie die Schuld ihrem Partner zuweisen können. Wenn das eintritt, ist die Beziehung meist schon gescheitert.

Hätten Sie gedacht, dass Männer zu 64 Prozent krankhaft eifersüchtiger sind als Frauen. Das ist eine enorme Zahl, diese Frauen werden so sehr in ihrer Lebensqualität eingeschränkt, dass Sie nicht einmal unbeschwert oder ohne Szenen in den Supermarkt gehen können. Damit ist nicht zu spaßen, denn dies artet in manchen Fällen sogar in Gewalt aus. Krankhaft Eifersüchtige steigern sich in Situationen hinein, die normalerweise deutlich harmloser waren oder vielleicht nicht mal entstanden sind.

WAHNHAFTE EIFERSUCHT (OTHELLO-SYNDROM):

Wahnhafte Eifersucht wird massiv von einem „Kopfkino" begleitet, in dem sich der Partner ständig neue Szenen im Kopf einbildet, die passieren könnten. Diese Art von Eifersucht beginnt meist im Alter von 40 Jahren und machen leider 20 Prozent der Suizide aus. Ärzte und Psychologen beschreiben diese Menschen als psychisch krank.

Sie leiden unter Depressionen und/oder haben Psychosen oder im Laufe des Lebens neurologische Krankheiten bekommen, wie Morbus Parkinson, Alzheimer oder Demenz. Vieles ist aber auch dem Alkohol oder den Drogen geschuldet. Diese Menschen werden häufig gewalttätig und stalken auch ihren Partner. Sie lassen leider den normalen Alltag liegen und fokussieren sich dann nur noch auf die eine Person. Sie sind überzeugt davon, dass ihr Partner sie betrügt.

ZWANGHAFTE EIFERSUCHT:

Die zwanghafte Eifersucht unterscheidet sich zum Teil nur davon, dass derjenige sich dem bewusst ist, dass er übertreibt. Aber man kommt da nicht oder sehr schwer heraus, versuchen man, dagegen anzukämpfen, macht man es dann meist noch schlimmer. Betroffene verfallen ebenfalls in Muster, in denen sie ihr Leben nur davon abhängig machen, wie sie ihren Partner kontrollieren können, und stellen alles andere hinten an. Es gibt sogar diejenigen, die sich tatsächlich medizinisch behandeln lassen müssen, sprich Antidepressiva oder Ähnliches nehmen müssen, um diesen Zwang weitestgehend kontrollieren zu können.

Leider ist Eifersucht in der extremen Form für viele noch ein Tabuthema, vor allem für die, denen es bewusst ist. Dabei sollte man sich nicht schämen, sondern aktiv etwas dagegen tun. Wenn Sie merken, dass Sie da nicht allein herauskommen, ist der Weg zu einem Experten immer richtig, denn in den meisten Fällen, in denen die, denen es bewusst war, sich einem Experten anvertraut haben, haben sie diese Eifersucht auch unter Kontrolle gebracht, sogar deutlich reduziert. Meistens steckt dahinter eine Grunderkrankung.

Sollten Sie an Ihrer Seite einen Partner haben, der krankhaft eifersüchtig ist, habe ich dafür eine Liste zusammengestellt, wie Sie die Zeichen dafür erkennen:

1. Lassen Sie sich nicht heruntermachen und nehmen Sie keine Schuld an, denn viele Paare nehmen das

leider einfach an und geben dem Partner kontraproduktiv dann auch Zustimmung zu seinem Verhalten.

2. Zeigen Sie Ihre Liebe und Zuneigung offen, kommunizieren Sie!

3. Verheimlichen Sie Ihrem Partner nichts, denn das schafft Misstrauen.

4. Stärken Sie Ihren Partner in seinem Selbstwertgefühl, denn das ist meistens die Ursache krankhafter Eifersucht.

5. Ziehen Sie positive Schlüsse, denn im Endeffekt zeigt es nur, dass Ihr Partner Sie liebt.

6. Bieten Sie Ihrem Partner Freiraum an, damit er sein Leben nicht von der Eifersucht abhängig macht – wecken Sie seine Lebenslust.

Das sind die üblichen Schritte, so einfach Sie auch klingen mögen, es ist ziemlich nervenaufreibend und ein langer Weg zum Ziel, aber merken Sie sich: Eifersucht ist heilbar.

Aufmerksamkeit

Schenken Sie Ihrem Partner Aufmerksamkeit, überraschen Sie ihn, sei es ein materielles Geschenk oder auch nicht. Bringen Sie in Erfahrung, was ihm oder ihr gefällt. Diese kleinen Gesten sollen unser Sahnehäubchen der Beziehung sein. Für uns Frauen ist es manchmal schon Gold wert, wenn der Mann die Spülmaschine selbstständig in Gang setzt.

Das zeigt uns, dass er Aufgaben sieht, es wertschätzt, dass wir alles ohne klare Rollenverteilung erledigen und im Prinzip auch nichts Großartiges von ihm verlangen, außer mal etwas mehr Anerkennung. Machen Sie Ihrem Partner Komplimente, das stärkt sein Selbstwertgefühl und zeigt ihm, dass Sie ihn noch attraktiv und anziehend finden. Es tut gut zu hören, dass uns noch jemand ansieht und uns wahrnimmt. Sollten Sie sich mehr Aufmerksamkeit von ihm wünschen, dann bleibt Ihnen nur, Ihrem Partner dieses auch zu erklären. Männer sehen die Dinge anders als wir Frauen, meistens bemerken Sie das auch gar nicht, dass uns die Aufmerksamkeit oder Zweisamkeit fehlt.

Freiraum/ Unabhängigkeit

Viele Paare werden mit den Jahren abhängiger voneinander, der Freundeskreis schmälert sich, vielleicht bleiben wir zu Hause und geben unseren Job auf, weil wir mehr bei der Familie sein möchten. Aber weshalb ist das so? Wenn wir eine intakte Beziehung führen, in der wir offen und ehrlich kommunizieren können, dann sollten kleine Freiräume doch kein Problem darstellen.

Sonst gehen wir nämlich als Person unter, wenn wir uns verstecken und einschließen. Wir müssen auch manchmal einfach unseren Horizont erweitern. Ganz gleich, für welchen Weg wir uns entschieden haben, sei es, beruflich aktiv zu bleiben oder auch nicht, sollte jeder unabhängig bleiben, denn nur so sind wir auch gesunde Persönlichkeiten. Jeder braucht seinen besten Freund oder beste Freundin, um sich mal anständig „auszuquatschen". Sei es, auch nur mal einen Kaffee in der Stadt zusammen zu trinken, oder einem Hobby nachzugehen, um sich eine kleine Auszeit zu gönnen, in der nur Sie wichtig sind. Meistens stellen wir uns hinten an und geben alles unserem Partner. Es tut gut, glauben Sie mir. Wir sind als Frau nicht nur Hausfrau, Ehefrau oder Mutter, sondern immer noch eine Frau. Wenn Sie von vornherein in die Beziehung mit der klaren Einstellung gehen, dann gibt es da auch keine Probleme, denn alles, was von Anfang an klargemacht wird, egal, von welcher Seite aus, liegt an uns, es zu akzeptieren oder eben nicht.

Was dann zu tun ist, ist klar. Wir dürfen unserem Partner nicht machtlos verfallen und zulassen, dass er unseren Lebensraum kontrolliert. Bleiben Sie Sie selbst und tun Sie Dinge, die Ihnen guttun. Nur dann können Sie auch glücklich sein. Im besten Fall sind Freiräume was Großartiges und Sie vermissen sich als Paar und erschaffen dadurch Abwechslung und neue Reize.

Einflüsse von außen:

Familie, Freunde oder auch der Job können in manchen Fällen die Beziehung stark beeinflussen, aber lassen Sie das nicht zu. Wenn Sie einen Mann oder eine Frau an Ihrer Seite haben, mit der Sie die Zukunft verbringen wollen, und sich auch sicher sind, sollten Sie ihn/sie auch an erste Stelle setzen. Es ist so wichtig, dass Sie sich beide als höchste Priorität sehen, danach kommt alles andere. Natürlich, wenn man Kinder hat, gehören die auch zur höchsten Priorität, aber auf andere Weise.

Familie:

Bestimmt kennen Sie von sich oder von anderen die berühmten „Schwiegermonster-Storys", in denen sich meist die Frauen dann unheimlich schwertun, auf einen gemeinsamen Nenner zu kommen. Wir sehen alles negativ, fassen ihr Benehmen als zu aufdringlich auf und ihre Ratschläge sehen wir als Kritik.

Es gibt tatsächlich anstrengende Schwiegermütter, manche sind auch auf eine Art und Weise besessen von ihrem Sohn. Im Grunde wollen sie uns nichts Schlechtes; ihr Beschützerinstinkt greift uns an, sie wollen eigentlich nur das Beste für ihren Sohn. Schwierig wird es dann, wenn sie glaubt, besser zu wissen, was ihr Sohn braucht und ob die Partnerin gut für ihn ist. Dasselbe kann man auch für Schwiegerväter sagen, die ihre Tochter an einen Mann verlieren und plötzlich sogar eifersüchtig werden.

Sie sehen, es ist für keinen von ihnen eine einfache Sache, aber das ist unser Urinstinkt, der nicht will, dass wir allein bleiben, es entstehen dann unnötige Situationen oder Spannungen, die aber schon längst nichts mehr mit dem Kern der Gefühle zu tun haben. Leider ist schlechter Einfluss von den Familien auch ein häufiger Trennungsgrund. Da spielt wieder die Kindheit eine Rolle, was uns von klein auf nahegelegt wird und dass wir dieses auch mit dem Alter verinnerlichen. Wenn uns jahrelang vor den Augen ein glückliches Paar präsent ist, mit gewissen „traditionellen" Ansichten, dann wollen wir diese auch im eigenen Leben so beibehalten. Wenn wir als Kinder sehen, dass sich Paare bzw. unsere Eltern immer streiten, nehmen wir diese schlechten Gewohnheiten mit, vielleicht ist der Vater schnell aufgebracht, Probleme werden gar nicht richtig geklärt oder die Mutter hat ihren Platz in der Küche und verschwendet die restliche Zeit mit putzen.

Also, wenn wir genau überlegen, dann ist da schon einiges dran. Wieso erzähle ich davon? Ich will Ihnen noch mal genauer vor Augen führen, wie unsere Beziehungsfähigkeit entsteht und was das mit unseren

Partnern macht oder dass wir uns mal ein paar Gedanken drüber machen, wieso und weshalb er oder sie gerade so reagieren und woher diese Ansichten kommen.

Kommen wir aber wieder zurück zum Thema: Wenn wir eine Familie, sei es unsere oder die von unserem Partner, haben, die permanent ihren „Senf dazugibt" und wir das alles immer so dulden, wird das nach einiger Zeit nicht gut gehen. Diese Eltern können meist nicht „loslassen": Sie versuchen, sich nützlich zu fühlen und demonstrieren und verteidigen ihr Feld. Häufiger erleben Frauen dieses Leid ihrer Schwiegermutter. Das eigentliche Wichtige ist, wie unser Partner damit umgeht, denn daraus können wir schließen, welchen Standpunkt er vertritt. Problematisch ist es, wenn er oder sie sich gar nicht wehren und alles durchgehen lassen. Aus Angst, die Mutter oder den Vater zu verletzen oder weil ein ungesunder Respekt im Laufe der Jahre entstanden ist. Das ist leider schlimm.

Damit Sie lernen können, besser damit umzugehen, und eine gemeinsame Lösung finden, stelle ich Ihnen meine Tipps und wichtige Fragen/Hilfestellungen an Ihren Partner vor:

1. Ganz gleich, worum es sich bei einer Auseinandersetzung handelt, wenn Sie angegriffen werden, bleiben

Sie ruhig, lassen Sie keine Provokationen zu, geben Sie aber auch nicht nach.

2. Die goldene Regel wäre: Wenn Sie sich zu sehr eingeengt von der Familie fühlen, erst mit dem Partner drüber zu sprechen und dann die ganze Familie einzubeziehen.

3. Ebenfalls wichtig: Zetteln Sie keinen Streit an. Merken Sie sich: Früher oder später werden die sich vertragen, aber der Blick auf Sie wird bleiben.

4. Versuchen Sie, früh in der Kennenlernphase oder in der „Aufbauphase" der Beziehung schon klare Grenzen zu setzen oder kommunizieren Sie noch offen, wie Ihr ungefährer Standpunkt ist. Sprich so „viel" oder auch „wenig", wie Sie am Anfang zulassen, wird es meistens dann auch im weiteren Verlauf weitergehen, dies gilt aber für beide.

5. Ihr Partner oder Ihre Partnerin muss ganz klar die Konflikte in Angriff nehmen, wenn diese schon zu weit gehen.

Ich erzähle mal kurz aus Erfahrung: Damals, als ich die Eltern meines Partners kennengelernt habe, war so ziemlich alles gut. Man war in der Kennenlernphase und hat sich wie in der „Blütezeit" von der besten Seite gezeigt. Nach und nach wurde das Verhältnis schwieriger, wieso? Das weiß ich bis heute leider auch nicht, zum Spaß dachte ich mir, dass das womöglich in der Natur so liegt. Ich wurde immer wieder mit irgendwelchen Putztipps überladen und dann, als die Kinder kamen, von uralten Erziehungstipps. Mit der Zeit distanzierte ich mich, aber auf zweideutige Weise. Ich war präsent, habe mich aber nicht mehr eingemischt und einfach nicht mehr so viel auf mich einwirken lassen oder preisgegeben. Meinem Mann wollte ich auch nie so davon erzählen, weil ich das Verhältnis zwischen ihm und seinen Eltern nicht beeinflussen wollte.

Also, was passierte? Irgendwann merkte mein Mann diese angespannte Situation und machte den entscheidenden Schritt: Er hat seine Eltern von sich aus angesprochen und darauf aufmerksam gemacht, dass wir unser eigenes Leben führen und wir uns bedrängt fühlen. Anschließend hat es auch deutlich was gebracht. Wir haben uns aufeinander eingelassen und ich wurde akzeptiert. Es ist ein schreckliches Gefühl, ohne jeglichen Grund vielleicht nicht angenommen oder gar zum „Außenseiter" zu werden. Sollte die Situation immer belastender werden, schaffen Sie Distanz. Setzen Sie Ihrem Partner kein Ultimatum im Hinblick auf seine Eltern und klären Sie ab, dass jeder sich um seine eigene Familie kümmert und mit denen redet. Anders kann ich mir das auch nicht mehr vorstellen, denn je offener wir kommunizieren mit unserem eigenen vertrauten Umfeld, desto besser kommt es an. Heute pflegen wir ein gutes Verhältnis, da ich mich nie direkt mit denen in einem Konflikt befunden habe.

Ich weiß, dass man normalerweise immer seinen Standpunkt klar vertreten sollte und nicht „alles" mit sich machen lassen soll, aber sollten Sie Schwierigkeiten mit der Familie Ihres Partners haben, dann rate ich Ihnen, wie schon in den Tipps näher beschrieben, sich das als gewisses Maß zu nehmen und daran zu halten. Im Endeffekt sind Sie und Ihr Partner für eine gesunde und glückliche Beziehung verantwortlich und Sie sollten sich gegenseitig unterstützen und nicht einander den Rücken kehren.

Freunde:

Welchen Einfluss können „schlechte" oder „gute" Freunde auf uns haben? Meistens haben Paare den gleichen Freundeskreis oder bauen ihn gemeinsam auf.

Aber was können wir tun, wenn Sie denken, dass einer von ihnen einen schlechten Einfluss auf Ihren Partner hat? Wie können Sie da gegensteuern? Es ist nicht immer so leicht, jemandem etwas auszureden, vor allem nicht, wenn es darum geht, jemandem zu sagen, er möchte nicht, dass man sich mit XY trifft. Meistens artet das dann so aus, dass der Partner sich dann mit Absicht mit XY trifft, weil man ihm ja „nichts verbieten" soll oder kann. Wenn Sie aber merken, dass einer einen so schlechten Einfluss auf Ihren Partner hat, dass es sogar dazu führen kann, dass Sie sich streiten oder die Trennung infrage kommt, dann müssen Sie ihm anhand von ein paar Beispielen darlegen können, was so schlecht ist. Ihm vor Augen führen, was Sie meinen, um dies auch verständlich erklären zu können.

Hier ist es zum einen nur der Unterschied zwischen Freunden und Familien, dass Sie und Ihr Partner sich die Freunde aussuchen können. Familie aber nicht, deswegen ist es auch wichtig, immer zu versuchen, die Familie nicht auszuschließen und dass man nach neuen Wegen schaut. Bei Freunden dagegen bleibt uns nichts anderes übrig, als diese zu akzeptieren., wenn wir uns nicht mit jemanden verstehen können, Ihr Partner aber diese Meinung nicht teilt. Denn wir können nicht das Leben unseres Partners auf den Kopf stellen und plötzlich anfangen, ihn zu kontrollieren, dies wollen wir auch nicht.

Hier bleibt klar das Fazit, dass, wenn Ihr Partner Ihnen vertraut, Sie eine gesunde Basis haben für eine Beziehung, die natürlich lange halten soll, dann akzeptiert er auch Ihre Meinung um ihm oder ihr wird nicht gleichgültig sein, was Sie denken. Wenn er Ihre Meinung teilt, sich aber trotzdem weiterhin mit XY treffen will, dann wird er oder sie diese Gedanken schon im Hinterkopf beibehalten.

Berufliche/Finanzielle Einflüsse:

Dieses Thema geht mir ein Stück nahe, wenn wir über finanzielle Einflüsse einer Beziehung sprechen, weil viele Paare große Probleme haben, was die Finanzen betrifft. Dabei ist es nicht wichtig, ob jemand einen durchschnittlichen Wohlstand oder den Luxus genießen kann, geschweige denn, aus ärmeren Verhältnissen kommt. Finanzen und das Thema Geld bringen viele Beziehungen in den Ruin. Geld kann Leute kaputt machen, während die einen glücklich mit dem sind, was sie haben, wollen die anderen alles dafür tun, um im Luxus zu leben, anerkannt zu werden.

Was macht Geld mit uns? Natürlich sollen wir beruflich aktiv sein, uns Ziele setzen und ein gesundes

Verhältnis zum Leben haben. Ich komme aus einer Arbeiterfamilie und mir war immer vor Augen präsent: Wenn ich etwas haben will, muss ich dafür auch was tun. Wir sind für unser eigenes Glück verantwortlich. Den großen Luxus zu jagen, ist aber falsch und für jeden auch ziemlich relativ. Jeder hat seine eigene Meinung zu dem, was Luxus für ihn ist. Im Sinne davon ist es falsch, den Luxus zu jagen oder zu genießen, den wir uns aber eigentlich gar nicht leisten können.

Finanzen in einer Beziehung sind ein sehr komplexes Thema, es fängt schon bei einigen damit an, zum Beispiel ganz klassisch, es wird dem Partner untersagt zu arbeiten, oder der dominantere in der Beziehung führt nur die Finanzen. Meiner Meinung nach sollen beide Partner die ungefähr gleichen Ansichten zu dem Thema haben, was sie wollen und auf welchem Weg sie diese Ziele erreichen wollen. Denn von den gemeinsamen Finanzen machen wir die Zukunft abhängig. Deshalb, ganz wichtig, trennen Sie Ihre Finanzen nicht, sondern teilen Sie bzw. kommunizieren Sie offen, wenn Sie eine Anschaffung planen, die nicht gerade im Rahmen des alltäglichen ist, und verheimlichen Sie diese auch nicht. Wenn Sie oder Ihr Partner Schulden mit in die Beziehung bringen, lösen Sie diese gemeinsam und teilen Sie sich auch bei dem Thema nicht auf.

Geld vermittelt auch meistens ein Gefühl von Freiheit, Macht und Unabhängigkeit, aber eine Ehe oder feste Beziehung wird von einer gewissen Abhängigkeit voneinander gefördert. Es ist großartig, wenn beide etwas in die Beziehung finanziell einbringen können, dies ermöglicht einem mehr und beweist Engagement. Zudem leisten beide etwas und müssen sich auch niemals benachteiligt fühlen. Man bleibt standhaft und auf festem Boden, teilt aber dieses Glück.

Beziehungstypen

Ich habe hier einige interessante Beziehungstypen zusammengestellt, die auf Männer zutreffen. Diese kommen von einem Professor der Philosophie und Religion, der auch ein bekannter Pfarrer ist, Mijo Nikic.

Er beschäftigt sich zudem auch mit Paaren und versucht, ihnen zu helfen, den Weg aus Ehekrisen zu finden, und analysiert anhand seiner Erfahrungen verschiedene Beziehungstypen. Vielleicht weckt das in Ihnen auch ein gewisses Verständnis, um Ihren Partner zu verstehen, denn im Prinzip sehnen wir uns in schlechten Phasen danach, zu verstehen und gemeinsam etwas dagegen zu tun.

1. **Don-Juan-Modell**: Dieses Modell ist leider ein nicht seltenes. Das sind Männer, die laut der Analyse die Frau nicht respektieren. Sie sind absolut kein Beziehungstyp, halten sich aber gern in den Kreisen schöner Frauen auf. Sie verletzen und erniedrigen Frauen und sehen sie nicht als gleichberechtigt an.

Man kann sogar behaupten, dass diese Männer ihre Frau gar nicht lieben, aber tief im Inneren sich selbst auch nicht. Doch leider fühlen sich Frauen zu derartigen Männern hingezogen. Dieser Typ erobert gern Frauen, aber nicht Frauen im Sinne ihrer Zuneigung und Liebe, sondern um Macht zu vermitteln und besitzergreifend sein zu können.

2. **Einen Mutterersatz in der Partnerin zu suchen:** In diesem Beziehungsmodell geht es, wie der Name schon sagt, um Männer, die in ihrer Partnerin einen Mutterersatz suchen. Sie sehnen sich nach Liebe und Zuneigung, vor allem nach Sicherheit, wie sie es von einer Mutter kennen. Eigentlich verliebt man sich, wenn man sich zueinander hingezogen fühlt, dies ist in diesem Fall nicht immer leicht, wenn man auf so einen Mann trifft. Diese Männer „verlieben" sich in die Frau, weil sie ziemlich ähnliche Charaktereigenschaften hat wie die eigene Mutter. Dies ist erschreckend, aber

wahr und leider auch nicht selten. Bei einer Frau wäre es dann, wenn sie in ihrem Partner starke Ähnlichkeiten sieht wie bei ihrem Vater. Dies hört man auch sehr oft, dass sich Frauen oder Männer ziemlich ähnliche Partner ausgewählt haben, die ihren Eltern ähneln. Wenn diese Paare jedoch sehr selbstbewusst sind und damit klarkommen, entwickelt sich aber auch nicht allzu selten daraus eine glückliche Ehe oder Beziehung.

Wenn aber der Partner, ganz gleich, ob Mann oder Frau, kein so starkes Selbstbewusstsein hat, wird das zum Problem. In unserem Fall der männliche Part: Wenn er sich zu stark nach einer mütterlichen Liebe sehnt, die er gewohnt ist oder als Kind gar nicht hatte, entwickeln sich diese Beziehungen nicht so stark und reif. Er versucht dann permanent, diese Gefühle zu kompensieren, indem er unsere volle Aufmerksamkeit erwartet und sich als eher kindliche Persönlichkeit gibt, also Unreife zeigt.

In den meisten Fällen spricht man von passiven Persönlichkeiten, die sich lieber leiten lassen von einer Frau und Angst haben, Verantwortung zu übernehmen. Diese Frauen übernehmen meistens auch alles Anstehende, müssen sich um alles kümmern, ohne zu widersprechen. Es ist schwierig, aus so einer Lage herauszukommen, vor allem dann, wenn man den Partner stark liebt. Was paradox klingt, aber wahr ist, ist, dass diese Frauen ziemlich eingeschränkt werden und denken, dass sie diejenigen sind, die vom Partner abhängen, und mit der Zeit verlieren sie sich immer mehr und können gar nicht mehr das tun, was sie für richtig halten.

3. **In seiner Partnerin eine Sklavin sehen:** Dies ist ein ziemliches negatives Modell, das Männer beschreiben soll, wie sie mit ihren Frauen umgehen. Hierbei handelt es sich vor allem darum, wie sie Ihre Frauen als ihr Eigentum sehen, und Macht an ihnen ausüben wollen. Diese Männer sind sehr dominant und erkennen auch nicht immer, wie schlecht ihre Einstellung ist. Frauen werden nicht als gleichgestellt angesehen und sollen im besten Fall alles tun, was man gerade möchte. In der Psychodynamik sind diese Männer leider auch oft aggressiv, die Grenze zwischen Dominanz und Aggressivität ist dünn.

Was regt diese Männer dazu an, sich so zu benehmen? Diese Männer verspüren, wie schon erwähnt, einen starken Willen, zu dominieren und zu befehlen. Aber meistens merken sie es nicht, je schlimmer es wird, desto mehr denken sie, dass sie recht haben, bei dem, was sie tun. Sollten sie aber wissen, dass sie so sind, dann ist es ganz klar mit Absicht und dann tritt auch Gewalt ein. Wie kann man diesem Typ-Mann helfen, nicht mehr so zu sein? Man muss immer wieder vorsichtig das Gespräch angehen und ihm vor Augen führen, wie sein Benehmen ist und wie es sich auf das Gegenüber auswirkt. Wichtig ist dabei auch, ihm Mut zu machen, dass er sich ändern kann.

4. Gleichberechtigung bei Meinungsverschiedenheiten und Liebe bei Gemeinsamkeiten: Diese Art von Beziehung ist, wie man schon rauslesen kann, eine der besten Voraussetzungen für eine gesunde Ehe oder Beziehung. Beide Partner können hemmungslos ihre Meinungen vertreten und akzeptieren. Fehlende Gleichberechtigung zwischen Mann und Frau ist heute leider ein immer noch großes Thema.

Egal, in welcher Hinsicht, in welchen Lebenslagen, wir Frauen kämpfen immer noch um Gleichberechtigung und Anerkennung. In einer Ehe ist es nicht anders, häufig haben Frauen immer noch Probleme, sich durchzusetzen und standhaft zu bleiben. Deswegen ist dies eine großartige Basis, die von Anfang an geschaffen wird. Wenn beide Partner sich gemeinsam unterstützen und sich durch Einverständnis beiderseits vertrauen und geben können, entsteht trotz einer gewissen Abhängigkeit auch Freiheit. Keiner darf den anderen manipulieren oder Grund dazu geben. In diesem Modell der Beziehung ist auch die Verschiedenheit ausschlaggebend, denn beide sind anders, jeder ist ein Individuum, beide ergänzen sich jedoch.

Jeder sucht seinen „Deckel für den Topf". Diese Gegensätze oder Verschiedenheiten, die jeder mit sich bringt, dürfen aber auf keinen Fall Anlass zum Streiten geben, sondern sie bauen eine Brücke auf, die mit Liebe erfüllt ist. Damit Ihre Beziehung dieses Modell erreichen kann, müssen beide Partner dazu beitragen, und zwar indem Sie:

1. die Fähigkeit besitzen, den anderen zu lieben und sich selbst.

2. Ihre eigenen Bedürfnisse kontrollieren.

3. die schlechten Seiten Ihres Partners auch mal ertragen und die Gefühle unter Kontrolle halten.

4. Reife besitzen.

5. emotional sein können und Intelligenz besitzen.

6. die Realität erkennen und nicht in einer Scheinwelt leben.

Fazit

Die größte Gabe, die uns Menschen gegeben worden ist, ist zu lieben und geliebt zu werden. Die Ehe oder Beziehung hat immer mal Höhen und Tiefen, es gibt keine perfekte Beziehung. Jeder, der sagt, wir streiten uns nicht oder so tut, als hätte das Paar nie Probleme gehabt, lügt oder lebt in einer Illusion.

Fakt ist, wir müssen ständig an uns arbeiten, dürfen uns nicht gehen lassen oder den Partner als selbstverständlich ansehen. Anerkennung und Reife sowie realistisch zu bleiben und zu handeln, damit vermeiden Sie Depressionen oder größere Unstimmigkeiten in einer Beziehung.

Ich hoffe, ich habe Ihnen nicht allzu viel versprochen, denn langsam komme ich zum Ende des Buchs. Ich hoffe, ich konnte Ihnen einige gute Tipps mit auf dem Weg geben und vor allem verschiedene Ansichten aufzeigen, die Ihnen bei Ihrem Problem helfen können. In einigen Sachen oder Stichpunkten wiederhole ich mich, aber das ist beim Thema Liebe nicht zu vermeiden; es sind die ausschlaggebenden Punkte einer Beziehung. Bestimmt haben Sie das aber schon beim Lesen bemerkt. Wir müssen immer und ständig dazulernen und an uns arbeiten, denn ohne diese Erkenntnisse, die wir im Laufe der Jahre sammeln, kommen wir nicht voran.

Dieses Buch soll Ihnen nicht sagen, dass, wenn Sie Ihren Partner in manchen Punkten wiedererkennen, dass Sie es beenden sollen. Aber es soll Ihnen die Augen öffnen und aufzeigen, was Sie im Prinzip wollen und was nicht. Wenn sich beide lieben, ist alles machbar. Die Liebe ist eine starke Bindung, die trotz allem nicht von „irgendwo" kommt.

Ich wünsche Ihnen viel Kraft und hoffe, Sie können in Ruhe über dieses Buch nachdenken oder vielleicht auch noch mal nachschlagen. Nehmen Sie sich Zeit und handeln Sie niemals überstürzt, dies führt oft dazu, dass Sie Fehler begehen, die danach nur schwer rückgängig zu machen sind. Hören Sie auf Ihr Herz, aber auch Ihr Bauchgefühl – in der Kombination ist es das beste Mittel. Vergessen Sie auch niemals, sich selbst außer Acht zu lassen. Versuchen Sie, sich immer eigenen Freiraum zu geben und das zu tun, was Sie mal wollen. Die Liebe ist so komplex, dass es schwierig ist, jede Ansicht zu teilen, denn jeder hat ein anderes Gefühl dafür, das konnte man an den verschiedenen Beispielen in den Beziehungsmodellen klar erkennen, aber ich bin mir sicher, dass, was auch immer Sie suchen, Sie es für sich finden werden.

Herstellung und Verlag:

BoD – Books on Demand, Norderstedt

ISBN: 9783754310519

1. Auflage

Kontakt: Psiana eCom UG/ Berumer Str. 44/ 26844 Jemgum

Covergestaltung: Fenna Larsson

Coverfoto: depositphotos.com